El fútbol es nuestro juego

por Leila Boyle Gemme

Fotografías por Roberta Caliger

Traductora: Lada Josefa Kratky

Consultante: Dr. Orlando Martinez-Miller

CHILDRENS PRESS, CHICAGO

Library of Congress Cataloging-in-Publication Data

Gemme, Leila B.
    El fútbol es nuestro juego.

    Traducción de: Soccer is our game.
    Resumen: Una presentación del juego de fútbol, por
medio de fotos y texto sencillo.
    1. Fútbol—Literatura juvenil. [1. Fútbol] I. Caliger,
Roberta. II. Título.
GV943.25.G42   796.33'42   79–13245
ISBN 0-516-33615-0   Library Bound
ISBN 0-516-53615-X   Paperbound

El fútbol es nuestro juego.
Nos gusta correr y patear.

Aprendemos cómo patear.
No se puede tocar el balón con las manos.

El entrenador nos enseña cómo patear.

Tenemos que driblar el balón.
Es divertido correr y patear
el balón a la vez.

Pasamos el balón con patadas fuertes.

Si el balón viene muy alto, tratamos de darle
con la cabeza. No es nada fácil.

Usamos espinilleras para proteger las espinillas y los tobillos.

Empezamos el partido lanzando una moneda.

Para anotar, tenemos que disparar
el balón dentro de la portería.

El otro equipo nos trata de quitar el balón.

Durante el intermedio, comemos naranjas.

El entrenador nos da consejos.

Durante el partido, él anima a nuestro equipo.

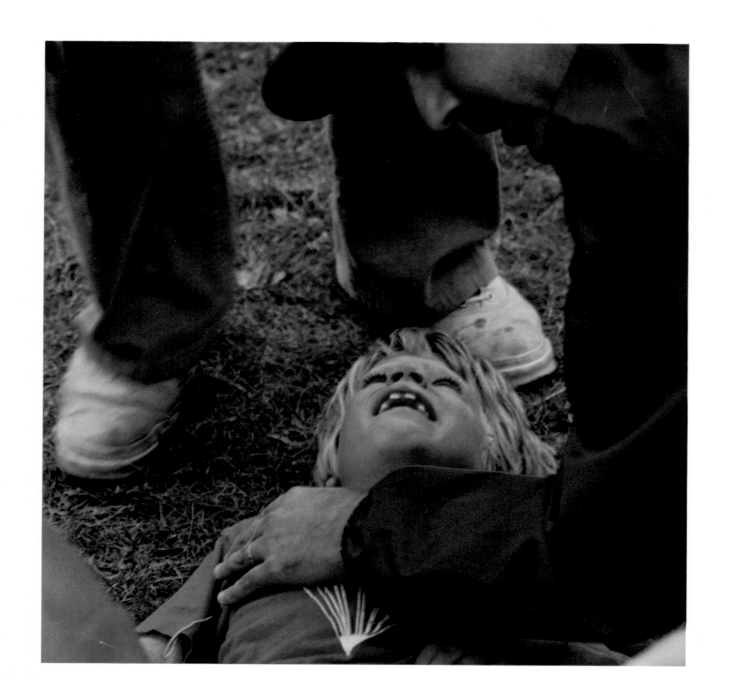

A veces un jugador se lastima.

Pero la mayoría de las veces todo
el mundo se divierte mucho.

El partido ha terminado.
Vitoreamos al otro equipo.

Nosotros los futbolistas estamos orgullosos. Nuestro deporte es duro, rápido y divertido.

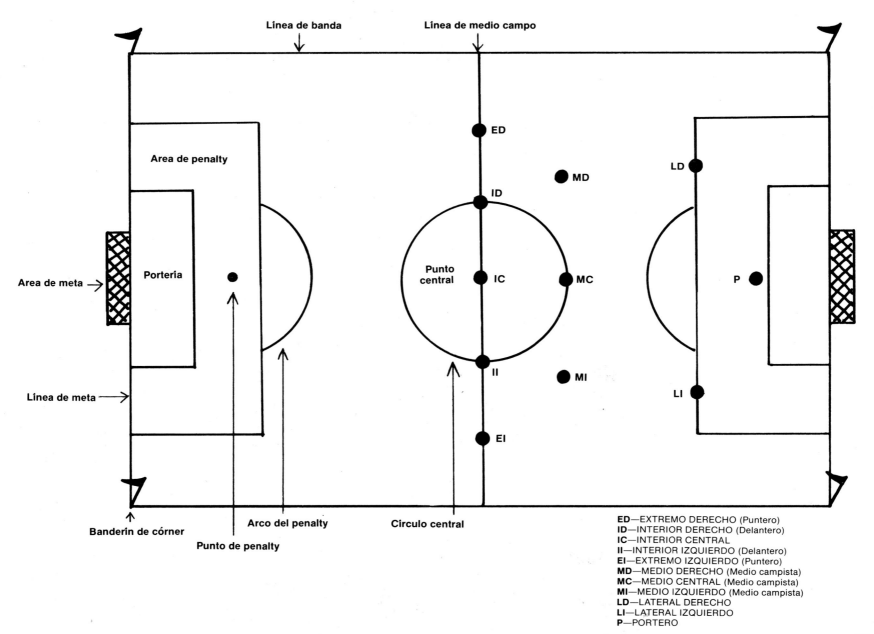

Línea de banda

Línea de medio campo

Area de penalty

ED

MD

LD

ID

Area de meta →

Portería

Punto central

IC

MC

P

II

MI

Línea de meta →

EI

LI

Banderín de córner

Arco del penalty

Círculo central

Punto de penalty

ED—EXTREMO DERECHO (Puntero)
ID—INTERIOR DERECHO (Delantero)
IC—INTERIOR CENTRAL
II—INTERIOR IZQUIERDO (Delantero)
EI—EXTREMO IZQUIERDO (Puntero)
MD—MEDIO DERECHO (Medio campista)
MC—MEDIO CENTRAL (Medio campista)
MI—MEDIO IZQUIERDO (Medio campista)
LD—LATERAL DERECHO
LI—LATERAL IZQUIERDO
P—PORTERO

Sobre la autora:

Leila Boyle Gemme fue maestra en una escuela secundaria por varios años antes de hacerse escritora. Ha vivido en Connecticut, California e Illinois. Ha escrito sobre varios temas; entre otros, los deportes, los artistas y el programa espacial.

Sobre la fotógrafa:

Roberta Caliger, madre de cuatro hijos, es fotógrafa independiente con un estudio en Crystal Lake, Illinois. El nombre del estudio es *Birdie's Eye*. También tiene interés en la danza y la artesanía.